日本標準ブックレット No.18

はじめよう！ プログラミング教育
―― 新しい時代の基本スキルを育む ――

吉田 葵・阿部和広

はじめに	2
第1章　プログラミング教育ってなんだろう	7
第2章　プログラミング教育の歴史	20
第3章　プログラミング教育をはじめるには	25
第4章　もうはじまっているプログラミング教育 　　　 ── プログラミング教育を取り入れた実践事例	42
おわりに	50

表紙写真　東京都品川区立京陽小学校

はじめに

「魚はもっと速い方がいいかな？」
「そうだね，（速さを表す値を）100にしようか」

「このボールをくっつけて動かしたいんだけど，どうするんだっけ？」
「この（命令が書かれた）ブロックを使えばいいよ」
「最初からくっつくんじゃなくて，ここで触れた後からくっつくようにしたいの」
「触れたなら……の後で（ブロックを使えばいい）でしょ……？　あれ，うまくいかないな」
「ありがとう，やってみる」

　プログラミング教育を導入して2年目になる小学校での4年生の授業風景です。下の学年の子に遊んでもらうゲームを，2人で1台のコンピューターに向かい制作しています。教室のあちらこちらで，プログラムに関する会話が飛び交っています。ゲームが思い通りに動かない場合にも，先生に質問している子どもはあまりなく，子ども同士で相談や教え合いが頻繁に行われているのがとても印象的でした。参考ノートを見て友達とコミュニケーションを図りながら取り組む子ども，ひとりで没頭する子ども，終了の合図に後ろ髪引かれている子ども，それぞれ取り組む様子は異なっていましたが，プログラミングに熱中している姿をうれしく思いました。
　積み木を置いて子どもを呼ぶと，遊ばない子どもはいません。人間は潜在的になにかを作りたいと思っているからです。コンピューターを置いて，子

どもを呼んでみましょう。コンピューターをプログラミングすることで、なにかを作り出せることがわかれば、きっと遊ばない子どもはいないでしょう。プログラミングはコンピューターを遊び道具のひとつにするものです。決して、敷居の高いものではありません。

2020年小学校でのプログラミング教育が必修化へ

現在，世界中でプログラミング教育が注目されています。総務省の調査によると，イギリスでは2014（平成26）年より5〜16歳でのプログラミング教育が，フィンランドでも2016（平成28）年より7〜16歳でのプログラミング教育が必修化されています。イスラエルやエストニアなど，実施が検討されている国もあります（総務省，2014，第3回ICTドリームスクール懇談会）。アメリカでは，オバマ大統領（当時）自らがプログラミング教育の必要性を訴え，「Computer Science For All（すべての人たちにコンピューターサイエンスを）」という，米国内の子ども向けコンピューターサイエンス教育に対し40億ドルを投入する政策を発表するなど，国をあげてプログラミング教育を推奨しています。この世界的な流れは，コンピューターの普及と人工知能の発展により，急速に変化していく社会に対応するためには「新しい時代の基本スキル」としてコンピューターサイエンスが重要であると認知されたことが背景としてあります。

日本での初等教育におけるプログラミング教育は，2011（平成23）年より実施されている小学校学習指導要領には記載されていません。2013（平成25）年に，「世界最高水準のIT利活用社会を実現する」ことを目標とした「世界最先端IT国家創造宣言」が閣議決定され，IT（Information Technology：コンピューターやデータ通信に関する技術の総称）が国の成長戦略の柱に据えられました。そして，産業界・学術界からの要請に沿う形で，2014年，同宣言の改定において，初等・中等教育段階でのプログラミング，情報セキュリティなどのIT教育を充実する方針が提示されました（高度情報通信

ネットワーク社会推進戦略本部，2015）。さらに，2016年4月19日に行われた「第26回産業競争力会議」において，安倍晋三総理が「日本の若者には，第4次産業革命の時代を生き抜き，主導していってほしい。このため、初等中等教育からプログラミング教育を必修化します」と初等教育でのプログラミング教育必修化を明言しています（首相官邸，2016）。

「世界最先端IT国家創造宣言工程表」では，2014年度から2018（平成30）年度にかけてIT教育の充実を進め，2019（平成31）年度から2021（平成33）年度にIT教育の全国展開を図ると示されています。具体的な取り組みとして，総務省では，プログラミング人材育成のあり方に関する調査研究を実施し，内閣官房，経済産業省，関係省庁では，プログラミングコンテストに対して後援や大臣賞の付与などを行っています。さらに，文部科学省では，プログラミング教育実践ガイドの作成や，諸外国におけるプログラミング教育に関する調査研究を実施し，プログラミング教育に関する調査研究会を開催しました。また，2015（平成27）年度情報教育指導力向上支援事業として，2015年9月から12月まで15校の実証校および協力団体でプログラミング教育を実証，指導案を作成しています（2017年1月末現在，まだ公開されていません）。

そして，初等教育でのプログラミング教育に関して，2015年10月より，中央教育審議会初等中等教育分科会教育課程部会情報ワーキンググループにて，2020（平成32）年度より実施予定の新学習指導要領の改訂に関する専門的な議論がはじまり，2016年6月，文部科学省の「小学校段階における論理的思考力や創造性，問題解決能力等の育成とプログラミング教育に関する有識者会議」にて，新学習指導要領に小学校でのプログラミング教育の必修化が盛り込まれることとなりました（2016年12月21日にこれを反映する形で，中央教育審議会から文部科学大臣に答申されました）。

先に述べた安倍総理の言葉にあるように，政府としてのプログラミング教育を必修化する意図は第4次産業革命にあります。有識者会議での議論に

より，初等教育でのプログラミング教育の目的は，第4次産業革命を生きる上で新しい基本スキルとなる「プログラミング的思考」を身につけることとされています。導入の方針としては，新しい教科として「プログラミング」を設置するのではなく，既存の総合的な学習の時間や教科内に取り入れ，横断的に実施する方向で進められています。つまり，プログラミングを学ぶのではなく，プログラミングで他教科の内容を学ぶことになります。また，プログラミングを取り入れる教科や学年については，設備機器や人員配置の状況が各校で異なることから，全国一律での実施ではなく各校の裁量に任せるとされています（文部科学省，2016b）。

先生方の抱えている疑問

プログラミング教育が必修化となる見通しになったことにより，小学校の先生方は多くの疑問や不安を抱えているのではないでしょうか。あまり前向きに受け入れられていない方も少なくないかもしれません。その理由としては，以下の3つの観点において，プログラミング教育が他の教科の学びに役立つのかどうかわからないからではないかと思います。

1. プログラミングが，プログラミング以外の知識や技能を習得するのに役立つかどうかわからない
2. プログラミングが，思考力，判断力，表現力，課題解決力などの能力向上に役立つかどうかわからない
3. プログラミングが，子どもたちが主体的に学習に取り組む態度を養うことにつながるかどうかわからない

残念ながら，これらの疑問に対する定量的なデータはまだ用意することができません。ですが，本書では，プログラミング教育の背景にある学習理論や，有効性を示す事例を紹介することで，疑問の解消へとつながればと思っ

ています。

　さらに，上述の疑問に加え，プログラミング経験がまったくない先生方は，プログラミングを教えることそのものを受け入れがたく感じているかもしれません。そもそも自分がわからないものを教えることができるのだろうかという不安や，なにをどうやって教えればいいのか見当もつかないという方もいるでしょう。

　本書ではそのような不安や疑問を少しでも取り除き，現場の先生方がプログラミング教育に前向きな気持ちになる一助となることを願っています。

第1章　プログラミング教育ってなんだろう

　プログラミングと聞くと，パソコンのなにやら黒い画面でカタカタ文字を入力していて難しい，一部の限られた人だけが行うものだというイメージを抱く方が多いかもしれません。そんな小難しそうなものを，義務教育として小学生から，そして全員が学ぶ必要があるのだろうかと思っている方も多いのではないでしょうか。

　プログラムとはコンピューター（などのなにか）に対する指示のことで，プログラミングとは，コンピューター（などのなにか）に対して自分自身が意図する処理を行うように指示を与えることです。どうしてコンピューターに対してプログラミングすることが必要なのかというと，コンピューターは人間に指示されたとおりにしか動けないからです。

　たしかに，プログラムを書く方法を覚え，プログラマーやエンジニアなどのプログラムを書く専門家を育成することが目的であれば，全員が学ぶ必要はないと思います。しかし，「コンピューターは人間に指示されたとおりにしか動けない」ということについてはどうでしょう。全員が知っておくべきことではないでしょうか。

　私たちは，現在すでに，たくさんのコンピューターに囲まれて生活しています。地球の裏側で行われているオリンピックの競技結果をリアルタイムで知ることもできます。電車の中では多くの人がスマートフォンでニュースを見たり，ゲームをしたりしています。ただコンピューターの便利さは，個人利用できるスマートフォンやパソコンを持っている人が多く，インターネット環境が普及しているということだけではありません。

　トイレに行くと勝手に電気をつけてくれたり，留守の間の愛犬の様子を確

認することもできたり，植物の乾き具合で水やりをしてくれたりします。駅には前に立つと飲み物をお薦めしてくれるような自動販売機もあります。改札では交通系ICカードを利用する人がほとんどです。身近にあるさまざまなモノの中に小さなコンピューターが内蔵されていて，これらはすべてプログラミングされたコンピューターによって実現されています。

さらに，今後，冷蔵庫や洗濯機などの家電製品や，洋服などの日用品など，あらゆるものがインターネットに接続されるIoT（Internet of Things，モノのインターネット）の時代がやってきます。あらゆるものがインターネットに接続されると，「何時何分に冷蔵庫の扉を開けた」などさまざまなデータを取得できるようになります。このようにして得られる膨大な量のデータ（ビッグデータ）を解析し，新しく価値のある情報を見つけ出すことで，私たちの生活はよりいっそう便利になるでしょう。また，囲碁でコンピューターが人間に勝ったことが大きく報道されました。車を自動で運転する技術や，倉庫内での仕分けにロボットが利用されるなど，人工知能（AI）の発達はめざましく，今後，人工知能に取って代わられる職業も出てくるかもしれません。このように，ビッグデータや人工知能によって，第4次産業革命がもたらされ，私たちの生活は一変するでしょう。このような社会が訪れるとき，どのような職業に就いていたとしても，コンピューターは避けられないものとなっているはずです。

このような時代を生きる上で，必要となる「新しい基本スキル」を身につけることが，小学校におけるプログラミング教育の目的です。この基本スキルのことを文部科学省の有識者会議では「プログラミング的思考」と呼び，以下のように定義しています。

　　自分が意図する一連の活動を実現するために，どのような動きの組合せが必要であり，一つ一つの動きに対応した記号を，どのように組み合わせたらいいのか，記号の組合せをどのように改善していけば，より意図

した活動に近づくのか，といったことを論理的に考えていく力

（文部科学省，2016a）

　コンピューターは人間に指示されたとおりにしか動けないということなどのコンピューターの本質を知り，自分が意図する処理を行わせるためには，どのように指示を出していけばいいのかを考えられる力を身につけることが有識者会議におけるプログラミング教育の目的のひとつです。

1．Computational Thinking とは

　この「プログラミング的思考」は「Computational Thinking（コンピュテーショナル・シンキング）の考え方をふまえ，プログラミングと論理的思考との関係を整理しながら提言された定義」とされています。では，「Computational Thinking」とはどういうものなのでしょうか。Computational Thinking は，2006年にマイクロソフト・リサーチ社のウィン（Wing, M. J.）が発表したエッセイから広まりました。そのエッセイは公立はこだて未来大学名誉学長の中島秀之氏により日本語訳されていて，「計算論的思考」と訳されています。

　ウィンは，Computational Thinking を「読み，書き，そろばん」に加えられるような全員必須の基本スキルとなる「プログラマーが行っているような複数レベルの抽象思考を必要とする考え方であり，プログラムできるということ以上の意味を持つもの」としています。抽象思考とは，異なる物事に対して共通項を見つけ一般化し，広く応用できるように考えることです。プログラムを書く際には，実現したいことに対して，必要に応じた抽象化を行いながら，進めていきます。

　さらに，ウィンは6つのポイントを挙げ Computational Thinking を次のように説明しています（Wing／中島訳, 2015）。

Computational Thinking とは,

- Conceptualizing, not programming.
  プログラムすることではなく，さまざまな抽象化レベルで考えることが必要な概念化のことである。

- Fundamental, not rote skill.
  ルーティンワークのような機械的なものではなく，現代社会で活動するためにすべての人が知らねばならない基礎的な技能である。

- A way that humans, not computers, think.
  人間がコンピューターのように考えることをめざすものではなく，人間の創造性や知性によって，コンピューターを刺激的なものにするものである。

- Complements and combines mathematical and engineering thinking.
  数学的思考と工学的思考を組み合わせ，補完するものである。

- Ideas, not artifacts.
  触れることができるようなモノを表現するものではなく，問題に迫り解決するための概念である。

- For everyone, everywhere.
  すべての人が身につけるものである。

このように，ウィンは，プログラミングとは切り離された人間の思考力・概念として Computational Thinking を説明しています。一方，「プログラミ

ング的思考」は後々プログラムを書くことを想定した手続き的な部分に着目した定義となっています。とはいえ，順次，反復，条件分岐などのプログラミング概念の習得目標は，小学校のプログラミング教育では現在のところ設定されていません。

「プログラミング的思考」が，Computational Thinking をもとにして定義されているように，Computational Thinking は各国，各企業・団体でさまざまな解釈がされています。Google による Google for Education では，Computational Thinking を「複雑でオープンエンドな問題を解決するためのプロセス」として定義しています。さらに，Computational Thinking をプログラム概念と紐付けて具体的に説明し，論理的に順序づけして処理を行うこと，データを分析すること，アルゴリズムを考えることとしています。

2．プログラミングとアプリケーションの利用

「プログラミング的思考」や Computational Thinking を身につけることを目的としたプログラミング教育は，従来の情報教育で行われてきた，既存のアプリケーションの使用方法を覚え利用することと置き換えることはできません。現在，製品として多くのアプリケーションがすでに存在しています。文章を書く，表計算を行う，絵を描く，音楽を作るなど，多岐にわたる目的や用途のアプリケーションがあります。使い方をマスターすれば，クオリティが高いものが制作できるアプリケーションもあるでしょう。目的や用途によって，そのつど，適切なアプリケーションを利用できれば，コンピューターを十分に活用していることになると考える人も多いかもしれません。しかし，それはアプリケーションが強いている制約のもとで，そのアプリケーションを利用しているのにすぎず，コンピューターを十分に活用できているとはいえません。

コンピューターは本来，決まった使い方はなく，なににでもなることがで

きるものです。コンピューターをプログラムすることで，絵を描くこともでき，音楽を作ることもできるようになります。既存のアプリケーションを，自分仕様のものへと作り変えていくこともできます。多くの子どもたちが好きなゲームも同様です。ゲームをしていて，こうしたい，ああしたいという欲求が生まれた場合，その欲求はプログラムすることで実現できます。ウィンの言うように，人間の創造性や知性によってコンピューターは刺激的なものになり，そういったComputational Thinkingを身につけることでコンピューターを十分に活用できるようになるといえます。だからこそ，プログラミング教育を行う必要があるのです。

3．プログラミング教育の意義

　プログラミング教育は，学習理論のひとつである構築主義を背景とした学びを実践できる場となります。構築主義では「子どもたちは自らものをつくることを通して心の枠組み（シェマ）を構築する」とされています。このものづくりの過程で利用できる道具が，はさみや紙だけでなく，コンピューターもあるという場で学ぶことがプログラミング教育の意義のひとつです。さらに，「はじめに」で挙げた，先生方が抱えていると思われる以下の3つの疑問については，構築主義の考えを知ることで解消へとつながっていくのではないかと考えます。

1. プログラミングが，プログラミング以外の知識や技能を習得するのに役立つかどうかわからない
2. プログラミングが，思考力，判断力，表現力，課題解決力などの能力向上に役立つかどうかわからない
3. プログラミングが，子どもたちが主体的に学習に取り組む態度を養うことにつながるかどうかわからない

第1章　プログラミング教育ってなんだろう

これらの疑問に照らし合わせながら，構築主義についてみていきましょう。

構成主義と構築主義

「構築主義（Constructionism）」は，数学者シーモア・パパートが学習理論のひとつである「構成主義（Constructivism）」を発展させた考え方です。

構成主義は発達心理学者ジャン・ピアジェによって提唱されました。自身がすでに持っている知的枠組み（シェマ）と自分の身に起きた経験を組み合わせて，自身の頭の中で，時にはすでに持っているシェマを修正しながら新しい知識を構成していくということが構成主義の考え方です。シェマは，外からただ与えられるものではなく，他者との関わりを経て，自身の頭の中で構成されるものとしています。ピアジェが表した子どもの発達段階では，7～12歳頃を具体的操作期とし，自分の具体的な体験をもとに，数量に対する知識構造やクラス概念の形成が可能になるとしています。

こうしたピアジェの構成主義をうけ，パパートによって，「構築主義（Constructionism）」が提唱されました。パパートによる「構築主義」は以下のように提唱されています。

> 心理学の構成主義の理論が教えるところにより，わたしたちは学習を知識の伝達ではなく，再構築としてとらえる見方をとります。そのうえで，わたしたちは取り扱い容易な素材を用いて，有意義な成果物の構築を学習者が経験する活動こそ，もっとも効果的な学習であるとの考えに至りました。
> （パパートの言葉を引用／Martinez, Gary／阿部監修，酒匂訳，2015，p. 34）

構成主義が知識の再構成は頭の中でのみ起こるとしていたのに対し，構築主義では，頭の外である現実世界での意味のあるものを作る活動に自身が関わっているときにこそ，知識が構築されるとしています。

【1つめの疑問】

「プログラミングが，プログラミング以外の知識や技能を習得するのに役立つかどうかわからない」

2005年に東京都杉並区立和田小学校にて行われた「アラン・ケイ　ワークショップ」での計算機科学者アラン・ケイの言葉を紹介します。5年生の授業で，手書きで作成したアイデアメモをもとに，プログラミング言語 Squeak Etoys を用いてアニメーションをグループ制作するという授業です。振り子のアニメーションを制作したグループを観察していたアラン・ケイは，次のように言っています。

> 「端の振り子が隣にぶつかると，慣性が発生し，隣り合った振り子を通じて反対側の振り子が動く。この動作を Squeak で表示しようとした生徒がいた。このオブジェクトはアニメーション動作だが，実際の振り子の動作ではない。これをきっかけにして，実際の振り子を叩き，どのようにして振り子の間で慣性が交換されるのかを学ぼうとするようになれば，Squeak はアニメーションではなくシミュレーションになる」（注：Squeak Etoys のこと）
>
> （日本ヒューレット・パッカード株式会社，杉並区の小学校で
> 「アラン・ケイ　ワークショップ」を開催
> http://pc.watch.impress.co.jp/docs/2005/0621/hp.htm）

これは理科で学ぶ慣性の法則に気づき，学ぶきっかけにプログラミングがなることを示唆しています。すでに慣性の法則の知識があった場合には，その知識と結びつけ，そこからさらに，実際の動作に近づけるように作品を改良していくことで，より深く理解することができるでしょう。知識がなかった場合にも，試行錯誤により慣性の法則を見つけ出すこともできるかもしれません。また，一度作品から離れて調べ，慣性の法則の知識を身につけるこ

ともできるでしょう。

　プログラミングをするだけでプログラミング以外の知識や技能が自然と習得できるわけではありません。プログラミングを行って，なにかを作る過程には，既存の知識と結びつけたり，興味関心を持って学んだりするきっかけがあり，それによって，プログラミング以外の知識や技能を習得することに役立つのです。

> **メイキング・ティンカリング・エンジニアリング**
>
> 　構築主義を背景とした活動として，Making, Tinkering, Engineeringという3つの創造的な活動があります。
>
> 　Making（メイキング）とは，作るという意味であり，「新規または既知の素材を使った創造活動」です。なにかを作るという活動は，子どもたち自身が持っている疑問や内面からの衝動によりもたらされるため，目には見えない内面にある考えを見えるようにしてくれます。また，自身で制作した成果物に対しては，IKEA効果により，愛着や価値を感じるため，子どもたちはよりいっそう自発的・意欲的に活動するようになります。
>
> 　Tinkering（ティンカリング）とは，いじくり回すという意味であり，「直接経験，実験，そして発見を通して問題に近づき，解決を図っていく，遊び心にあふれた心構え」です。子どもたちに失敗を恐れず好きなように遊ぶことを許容することで，子どもたちの創造性を引き出すことができます。そして，子どもたちが自身のアイデアを実現しようとするときには，遊びの中に学びが生まれます。
>
> 　Engineering（エンジニアリング）とは，工作することという意味であり，「直接経験から，原則を抽出すること」です。たんになにかを作るのではなく，自然科学や数学の知識を応用し，現実に即したものを作る活動を意味します。これにより，子どもたちは抽象的な数式に意味やそれに含まれる文脈

を見いだすことができます。また，次世代科学標準にて，エンジニアリングは「基準と制約のもとで問題を定義すること，複数の解を編み出し評価すること，プロトタイプを作成しテストすること，そして最適化すること」とされています（Martinez, Gary／阿部監修，酒匂訳，2015）。

　こういった Making, Tinkering, Engineering の3つの創造的な活動を通して，自分で考えたり調べたりすること，それを実際に検証すること，その結果思うようにいかないことがあること，逆にうまくいくことがあることなどの，学び方を学ぶことができます。

　これらの創造的な活動を通して学べるようになることが，プログラミング教育の意義となります。コンピューターは子どもたちの Making や Engineering のための道具のひとつとして利用され，コンピューターは命令に対しての反応がすぐに返ってくるため，Tinkering を行うのに適した道具だといえます。

【2つめの疑問】

「プログラミングが，思考力，判断力，表現力，課題解決力などの能力向上に役立つかどうかわからない」

　第4章で詳しく紹介しますが，プログラミング教育を先進的に行っている東京都品川区立京陽小学校で行われた授業を紹介します。プログラミングが授業に取り入れられて3年目の6年生が，まだプログラミング初心者の1年生に，プログラミングの楽しさを伝えるという授業です。なにをどうやって教えるかなどはすべて，6年生がプランを立てます。6年生は，どうすれば1年生にプログラミングの楽しさが伝えられるか，興味をひけるかという課題を解決するために，教材プログラムを試行錯誤して開発し，教える手順に至るまで検討を重ねていました。この授業だけでなくプログラミングを取り入れた授業を通して，京陽小学校の先生方は「自分で試行錯誤しながら

解決する，困ったことがあれば友だち同士で教え合うといったことができていた」(阿部ほか，2016)と述べています。

このように試行錯誤することを学ぶことができるということが，プログラミング教育の利点のひとつです。コンピューターが命令や命令の変更に対して即座に反応が得られるため Tinkering の道具に適していることは先に述べましたが，それにより，失敗が悪いことではなく，むしろ失敗を修正することを通して学ぶことができます。

図画工作での作品作りや，音楽での作曲，国語での文章書きと同じように，プログラミングをすることで，コンピューターを創造的な活動の道具として利用することができます。プログラミング次第でどんなものにでもなることで，プログラミングは新しい表現の形式のひとつになります。

クリエイティブ・ラーニング・スパイラル

子どもたちの創造的な活動は，1度で完結するものではありません。自身のアイデアを想像し，実際に作ってみた後，作ったもので遊び，それを他の人とも共有し，他の人からのコメントや自分自身が遊んだ経験から，振り返り，さらなるアイデアを想像し……という螺旋構造のように創造的な活動を繰り返すことによって学んでいきます。レズニックはこれを Creative Learning Spiral（創造的学習スパイラル）として発表しました。この螺旋構造のような一連の活動は，就学前の子どもたちが砂場などで普通に行っているにもかかわらず，小学校以降での教育現場ではなかなか行われていません。それは，学校では先生から知識を与えられる教育が主となってしまって

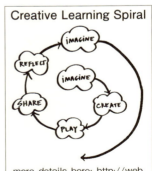

いることに加え，創造的な活動の道具として子どもたちが利用できるものが，紙や鉛筆などだけだったことが考えられます。コンピューターを道具のひとつとして取り入れることで，子どもたちは創造性を存分に活かした活動が行えるようになります（Resnik, 2007）。

【3つめの疑問】

「プログラミングが，子どもたちが主体的に学習に取り組む態度を養うことにつながるかどうかわからない」

　多くの子どもたちはゲームが好きです。アニメーションや音楽も好きです。プログラミング環境 Scratch の作品共有 Web サイト（第3章で詳しく述べます）には，子どもたちが制作したさまざまな作品が毎日アップロードされています。この作品制作活動は学校外での活動が主ですが，世界中の子どもたちが主体的に作品制作に取り組んでいることがわかります。先にも述べたように，これは子どもたちにとっては遊びのひとつでしょう。ですが，このようなゲームやアニメーションを作る遊びの中にも，もちろん学びは生まれています。

　Scratch では実行画面は x-y 座標で表現されているため，座標の概念を利用することが多くあります。画面の中心が $(x, y) = (0, 0)$ であるため，マイナスの概念を学ぶ必要があります。また，必要に応じて，1次関数を用いて座標変換する機会も多くあります。このような算数の範囲を超えた数学的な事柄についても子どもたちは自身のゲームや作品に必要なことであれば，主体的に学びます。

　また，ゲームを作る際には得点をつけたいという子どもが多くいます。得点をつけるためには，現在の得点を覚えておき，なにかが起きた場合に増やしたり減らしたりするために，変数という概念が必要になります。レズニックは「変数を教えて喜ばれる教師が今までいただろうか」と言っています。

第1章　プログラミング教育ってなんだろう

　子どもたちは彼らにとって個人的に意味のあるものを組み立てているときにのみ，それを知的に行っているということである。

（Resnick, 1997, p. 28）

　子どもたちは，自身の作りたいものを作る上で必要なことは主体的に学びます。コンピューターを子どもたちの作りたいものを作るための道具のひとつにすることができるプログラミングは，子どもたちの創造性を存分に活かした学びの形式のひとつになります。

第2章　プログラミング教育の歴史

　1960年代初頭，コンピューターは一部の政府関係者や科学者だけが利用できる非常に高価かつ大型のものでした。1970年代にマイクロコンピューターが開発され，必要に応じてプログラムを書き換え利用できる汎用の小型コンピューターが開発されました。そして，個人が所有できる安価なコンピューターが登場します。このようにコンピューターが大きく進化したのと時を同じくして，コンピューターの教育への利用が検討されはじめました。この時代に研究されていた心理学のアプローチのひとつに「行動主義の理論の一つであるオペラント条件付けを応用したプログラム学習（このプログラムはコンピューターのプログラムとは無関係）」があります。「プログラム学習」は「学習者に報酬を与える仕組みを作ると，学習者はより意欲を持って勉強に取り組むのではないか」という考え方であり，コンピューターを利用しての教育は，まずこのプログラム学習と結びつける方向で進められました。
　これは，CAI（Computer-Aided Instruction）の学習アプリケーションとして現在でもよく利用されている仕組みです。たとえば，コンピューターで4択問題を出題し，正解だと思われる選択肢のボタンを押し，正解の場合にはポイントがもらえるというようなものです。問題を出題し，正誤判定し，得点管理することをコンピューターで自動的に行います。たしかにこれはコンピューターを利用した学習であり，報酬がもらえる仕組みは子どもにとって楽しいものです。他の子と高得点を取るために競い合うことも楽しいものだと思います。こういったものは，もちろん効果的に利用されることも多いものですが，一方で，どうボタンを押せば高い報酬がもらえるかということだけに気が向いてしまい，問題の内容を学習しているのではなく，高い報酬

がもらえるボタンの押し方を学習していることになってしまっていることも多くありました。このような状況に対して、パパートは「コンピューターに子どもをプログラムさせたいのか。それとも、子どもにコンピューターをプログラムさせたいのか」と述べ、また、「コンピューターの父」として知られている計算機科学者であるアラン・ケイも同様に、以下のように問題を投げかけています。

> コンピューターを設置した教室を訪問して子どもたちが喜んでコンピューターを使っているのを見るのは心が痛む。子どもたちは幸せだし、教師も行政も両親も幸せだ。しかし教室をつぶさに観察すると子どもたちは興味のあることや成長を促すようなことは何もしていないのだ。この技術はジャンクフードのように誰もが好きだが栄養にならない。
>
> (Kay, 1995)

これは、学校教育の場で、先進的なコンピューターを利用しているということ自体に満足してしまい、コンピューターが本来持つ力強さを十分に発揮した教育が行われているわけではないと批判しています。

1. LOGO の開発と実践

1960年代に、パパート、シンシア・ソロモンらにより教育用プログラミング言語 LOGO が開発されました。LOGO は、画面に表示されるカメ（タートル）に対し、forward（前に進む）、right（右に曲がる）などの命令を送り、カメを動かすことができます。また、

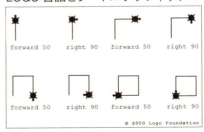

LOGO 言語とタートルグラフィックス

［出所］Logo Foundation
http://el.media.mit.edu/logo-foundation/what_is_logo/logo-primer.html

カメのおなかにはペンがついているため，カメが動いた軌跡で幾何図形を描くことができます。これは，タートルグラフィックスと呼ばれるもので，今日でもよく知られています。

　パパートらは，1960年代にLOGOを用いて，構築主義にもとづいたプログラミング教育を実践しています。子どもたちはカメに何をさせたいのかを考え，指示を出してみます。思い通りにカメが動いてくれなかった場合には，その理由を考えて指示を出し直します。この実践の中で，子どもたちがLOGOで自分なりに作りたいものを作ることを通して，数学や物理の概念的な知識を発見し，学ぶことがあることを示しました。画面の中にいたカメは，カメ型ロボットとして現実世界へ飛び出し，カメ型ロボットを実際に動かすことで学ぶ実践も行っています。その後，パパートにより考案された，レゴを使ったロボットシステム「レゴ マインドストーム」へと発展してきます。「レゴ　マインドストーム」は，現在でもEV3が多くの教育現場で利用されています。

　LOGOを使用したプログラミング授業に影響を受けたアラン・ケイは，1972年にDynaBook構想を提唱します。DynaBookとは，すべての年齢の「子どもたち」のためのパーソナルコンピューターです。いつでもどこでも持ち運びして利用でき，そのときどきで変化する所有者のニーズに対応でき，子どもだけでなく大人も利用でき

LOGOのカメ型ロボット

（阿部撮影）

Dynabook構想による
デバイスのイメージ

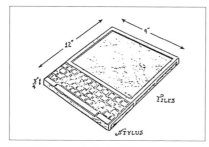

［出所］アラン・ケイ／酒匂訳，2013，p. 135

第2章　プログラミング教育の歴史

るデバイスを提案しています。DynaBook構想は，単なるデバイスの提案だけではありません。コンセプトイメージに描かれているベスとジミーは「宇宙戦争」というゲームで対戦をしています。ベスに完敗したジミーが言った「このゲームでは引力が考慮されていないから君が勝てたんだよ」という負け惜しみのような言葉に，ベスは興味をそそられます。そこから2人は，理科で学んでいた引力の知識をもとに，ゲームを改良しようとしていきます（アラン・ケイ／酒匂訳, 2013）。

その後，アラン・ケイはデータの集合とその振る舞いを「オブジェクト」としてまとめて扱い，メッセージを送

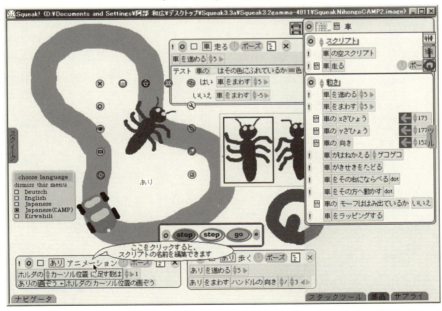

Dynabookのコンセプトイメージ

［出所］アラン・ケイ／酒匂訳, 2013, p. 131

Squeak Etoys の操作画面

［出所］Squeak Etoys を使い阿部が作成したプログラム　Squeak Etoys http://etoys.jp/squeak/squeak.html

23

りあうことを特徴として持つオブジェクト指向のプログラミング言語である Smalltalk を開発します。Smalltalk は Squeak として引き継がれ，子ども向けの Squeak 環境として Squeak Etoys が開発されました。そして，Squeak Etoys は，Smalltalk を用いてレズニックらにより開発された子ども向けのブロックプログラミング環境 Scratch へと発展していきます。

2．日本でのプログラミング教育の歴史

日本でもプログラミング教育は 1980 年代から実施されています。LOGO を用いた教育も行われていて，富山県の小学校教師であった戸塚滝登氏によるプログラミングを教科の学びへと取り入れた授業実践がよく知られています。戸塚氏の実践では，算数の文章題ができない子どもが LOGO でのプログラミング経験を活かすことで正解できるようになった例などが示されています。このような実践内容は現在でも十分に再利用可能であり，参考にすべき事例だと思います（戸塚，1989）。

LOGO での実践以外にも，プログラミング教育は盛んに行われ，LOGO での実践のほか，プログラミング言語 BASIC を利用したプログラム作成を取り入れた実践も行われていました。

しかし，その流れは続かず，1990 年代以降，コンピューターの操作やソフトウェアの利用といった，ICT を利活用することに重きがおかれ，プログラミング教育を小学校で行うことはほとんどなくなってしまいました。そして，再びプログラミング教育が注目されるようになってきたのは 2000 年代後半からです。

第3章　プログラミング教育をはじめるには

　プログラミング教育における先生方の最も重要な役割は，プログラミングの知識を子どもたちに与えることではなく，子どもたちの学びをファシリテートすることです。自分がよくわからないものは教えられないと考えている方が多いと思いますが，それは知識を与えなければならないという意識があるからではないでしょうか。子どもたちがプログラミングを学ぶ場合には，たしかに知識を与える必要があるかもしれません。ですが，プログラミングで学ぶ場合には，必ずしもそうではありません。そして，これから小学校で行おうとしているプログラミング教育は，プログラミングで学ぶことをめざしています。そのため，プログラミング教育は，すべての先生方がプログラマーやエンジニアのような高度なプログラミングに関する知識を必ずしも身につけていなければ実施できないというものではありません。子どもたちよりも常に詳しくなければならないというわけでもありません。子どもたちが自由にプログラミングできる機会を得て，興味を持って使いはじめると，おそらくあっという間に先生方の知識を超えていくでしょう。それを怖いことと思わないでもらいたいのです。教科担任制ではない小学校において，「教えられない」ことは怖いことにつながってしまうかもしれません。しかし，プログラミング教育においては，「教師だから教えなければならない」という意識を捨てて，子どもたちに知識を与えるのではなく，子どもたちの学ぶ環境をつくり，子どもたちと一緒に学んでいけばいいのだという方向に意識を変えることが重要です。これは「教師中心から児童中心」「LUMT（Less us, more them）」と言われ（Martinez, Gary／阿部監修，酒匂訳，2015），この意識の転換がプログラミング教育の成功への第一歩だと思います。

1．ファシリテーターとしての教師の役割

　教えるのではなくファシリテートすることが教師の役割になったとき，教師には次の役割が求められるとされています（Martinez, Gary／阿部監修，酒匂訳，2015）。

　まず，子どもたちがどういうことを知識として持っていて，どういったことを身につけているかを探る役割があります。プログラミングでの正解は1つでなく，答えへのたどり着き方も1通りではありません。失敗を伴った遠回りも多くあります。全体として設定された課題に対してでも，子どもたちは一人ひとり異なる過程をたどります。そのため，その過程を教師が把握し，必要に応じて，その過程を整理する手助けをすることが求められます。これは，途中で確認テストを行うことや，1通りの道筋にのっとっているかの進捗を確認することではないということに注意する必要があります。

　また，子どもたちの学びが止まらないように配慮する役割があります。課題の終わりに早く到達してしまう場合と，途中で後にも先にも進めなくなってしまう場合と，2つのパターンが考えられます。前者の場合にはより大きな課題へと目を向けられるようなヒントを与え，後者の場合には過程をふまえたヒントを与えます。前者，後者にあたる子どもたち同士で教え合うように促してもいいかもしれません。また，プログラミングの知識が必要な部分で子どもたちがつまずいていて，ヒントも思いつかない場合には，一緒に調べたり，プログラミングの専門家にたずねたり，子どもたちと一緒に学んでいけばよいのだと思います。

　これらの役割を果たす上で，教師はTMIを避けなければなりません（Martinez, Gary／阿部監修，酒匂訳，2015）。TMIとはToo Much Information（多すぎる情報）で，教師から子どもたちに教えすぎてはいけないという意味です。TMIのIには，Informationに加えて，Instruction（指示）やIntervention（介入）という意味も含まれます（TMIには，学びのステップを

表すThink, Make, Improve〈考える，作る，改良する〉という，いい意味もあります）。教師が説明などのために子どもたちの作業時間を止めて話をする時間を減らし，子どもたち自身が手を動かしたりなどして学ぶ時間をできるだけ長くとれるように努めましょう。

この2つの役割のほかに，ファシリテーターとしての教師には適切なツールや素材を準備するという重要な役割があります。この部分については，導入する際にある程度知識が必要となります。そこで，どのようなプログラミング環境・言語があり，どうやって利用し，その言語ではどのようなことができるのかについて，いくつか代表的なものを紹介します。

2．子どものためのプログラミング言語

現在，200種類以上のプログラミング言語が存在しています。その多くがテキスト（文字列）を記述することでプログラムを作成するものです。実際，プログラミングというと，英字を入力して1文字でも打ち間違えてしまうと実行できないという場面を思い浮かべる方が多いのではないかと思います。子ども向けのプログラミング言語としては，そのようなテキストを記述するものではなく，ビジュアルプログラミング言語と呼ばれる，視覚的に理解できるブロックやアイコンを用いてプログラムを作成するものが多く利用されています。テキストを記述するプログラミングに比べ，文字入力がそれほど必要とされないため入力ミスを気にせずプログラミングできる，言葉がまだ理解できない年少の子どもでもプログラミングできるという利点があります。

子どものためのプログラミング言語として代表的なものとしては，前述のブロックプログラミング環境である「Scratch」，ビジュアルプログラミング言語である「ビスケット」，日本語でのテキストプログラミング言語である「ドリトル」などが挙げられます。そのほかにも，文部科学省が開発したScratchをもとにした「プログラミン」，ビジュアルプログラミング言語で

ある「MOONBlock」「Google Blockly」，3Dプログラミング環境である「Alice」などがあります。これらのプログラミング言語の中から一部を取りあげ詳細に説明します。

[Scratch（スクラッチ）]

Scratchは，MITメディア・ラボのLifelong Kindergartenグループによって開発された，子どものためのブロックプログラミング環境です。2007年の公開以来，ユーザー数は増え続けていて，2017年1月現在，150以上の国で1,600万人以上のユーザーがいます。日本での登録ユーザー数も約13万人となっています。日本では，Scratch関連の書籍も多く出版されているほか，2016年3月と8月にNHK Eテレにて放送されたプログラミング番組「Why!? プログラミング」（http://www.nhk.or.jp/gijutsu/programming/）でも使用され，現在子ども向けのプログラミング教室やワークショップで最も多く使用されている言語です。

Scratchを使った
プログラミングの様子

（吉田撮影）

Scratchでのプログラミングは，命令が言葉で書かれたブロックをマウスで操作し，積み木のように組み合わせることでプログラムを作成します。絵を動かしたり，音を鳴らしたりし，ゲームやアニメーション，シミュレーションなど多岐にわたる作品を制作できます。

2016年現在，MITが提供しているScratchにはScratch 1.4，Scratch 2.0，ScratchXという3つのバージョンがあります。Scratch 1.4は，Webサイトからダウンロード後，パソコンにインストールし利用します。Windows, Mac, LinuxのOSに対応しています。それに対し，Scratch 2.0は，インターネットにつながるパソコンであれば，Webブラウザ上で利用でき

ます。ScratchX は，Scratch 2.0 を機能拡張したもので，Web サービスや機器と接続した作品制作を行うものです。どれも無料で利用することができます。

Scratch の対象年齢は 8〜16 歳とされていて，実際にその年齢のユーザー数が最も多いのですが，あらゆる年齢のユーザーがいます。大学の授業でも利用されています。Scratch は「低い床，高い天井，広い壁」をコンセプトとしています。これは，誰にでも取りかかりやすく（低い床），習熟するにつれて高度なことにも対応でき（高い天井），アニメやゲームだけではなく多様な分野に応用できる（広い壁）ということを表しています。

Scratch は，プログラミング言語としてだけでなく，世界中のユーザーと交流するためのオンラインコミュニティ Web サイト（以下，Scratch サイト）を併せて提供しています。Scratch サイトは無料でユーザー登録をすることで利用できます（13 歳未満のユーザーは登録時に保護者のメールアドレスが必要です）。Scratch サイトでは，ユーザーは自分の作品を公開することで，他のユーザーから作品に対してコメントをもらい，また，他のユーザーが制作した作品を見ることで，次の作品へのインスパイアを得るといった交流ができるよう設計されています。Scratch では，リミックスという他のユーザーの作品を改良する作品づくりが奨励されています。また，作品を通してだけでなく，Scratch に関する議論を行うための掲示板も用意されています。この Scratch サイトの設計は，第 1 章で述べた Creative Learning Spiral（17 ページ）にもとづくものです。ユーザー同士がお互いに学びあえる環境を提供しています。また，Scratch サイトでは，Creative Commons ライセンスが適用されています。

[Pyonkee（ピョンキー）]

Scratch をベースにソフトウメヤの梅澤真史氏が開発し，阿部がプロデュースした iPad 用のビジュアルプログラミング環境です。タブレット上

でのピンチアウトやピンチインなどのタッチ操作に最適化しています。App Store から無料でダウンロードできます。ライセンス上の制約により Scratch サイトで直接共有する機能はありませんが，Scratch 1.4 との互換性があるため，Pyonkee で制作した作品を AirDrop やメール送信，Dropbox などを利用し Scratch サイトで共有することができます。同様に，Scratch サイトで公開されているプロジェクトをダウンロードすることもできます。iPad 内に保存されている写真や音声ファイルを作品内で利用できます。さらに，iPad に内蔵されているジャイロセンサーなどのさまざまなセンサーを利用できるほか，Wi-Fi を経由し外部のセンサーやロボットと接続することもできます。複数の Pyonkee や Scratch 間で値をやりとりすることもできるため，複数人での協働学習も行うことができます。

Pyonkee の操作画面

［出所］http://www.softumeya.com/pyonkee/ja/

[ScratchJr]

MIT のメディアラボとタフツ大学，PICO 社が共同で開発した，Scratch よりも年令の低い 5〜7 歳を対象としたプログラミングアプリです。App Store または Google Play から無料でダウンロードできます。文字が読めない就学前の子どもでも使えるように，命令が絵で表現されているアイコンを用い，プログラムを作成します。

ScratchJr の操作画面

［出所］https://www.scratchjr.org/

第3章　プログラミング教育をはじめるには

[Viscuit（ビスケット）]

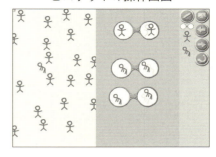

ビスケットの操作画面

「ビスケット〜コンピューターを粘土のように〜」は，2003年に計算機科学者である原田康徳氏により開発されたビジュアルプログラミング言語です。「誰でもプログラミングを体験してコンピューターの本質が理解できる」をコンセプトとしているため，一般的なプログラミング言語が持つようなデータ構造や文法はなく，「めがね」と呼ばれる円の中に絵を描き，動かし方を絵で指定し，配置することでプログラムを作成します。「めがね」は複数作成することができ，アニメーションやゲーム，動く絵本など，さまざまな作品を制作することができます。文字を利用せず，絵を描くことでプログラミングするため，幼稚園児からお年寄りまで，幅広い年齢に利用されています。ビスケットで制作した作品は，ビスケットサイトにて公開することができます。

ビスケットは，Mac，Windowsどちらのパソコンにも，無料でダウンロード・インストールして利用することができます。また，インターネットにつながるパソコンであればWebブラウザ上で利用できます。また，スマートフォンやタブレットから利用できるアプリも用意されていて，App StoreやGoogle Playから無料でダウンロードできます。

[ドリトル]

ドリトルは，大阪電気通信大学教授の兼宗進氏により開発された教育用プログラミング言語です。Smalltalk，Lisp，LOGOなどの特徴を引き継いだ，オブジェクト指向の言語です。画面上にいるカメに日本語の命令を送ることでプログラムを作成します。プログラムは日本語の文法構造と同様のため，

日本語を書くようにプログラムを書くことができます。ドリトルではタートルグラフィックスや，ゲームなどを制作できます。

ドリトルは，Mac，Windows，Linux のどのパソコンにも無料でダウンロード・インストールして利用することができます。また，インターネットにつながるパソコンであれば Web ブラウザ上で利用できます。インストール版では，ネットワーク通信や Arduino などの外部機器と接続することができます。

ドリトルの操作画面

［出所］http://dolittle.eplang.jp/

3．フィジカル・コンピューティング

2008 年頃から，メイカームーブメントと呼ばれる流れがあり，個人でもものづくりを楽しめる環境となってきました。その理由としては，オープンソース・ハードウェアである Arduino が登場したこと，3D プリンタやレーザーカッターなど高価で大型のため個人所有が難しかった工作機械が安価になり普及しはじめたことなどが挙げられます。このメイカームーブメントの流れは，プログラミング教育にも大きく影響を与えています。電子工作などをはじめとしたものづくりで利用できる道具が飛躍的に増え，作りたいものを作ることで学べる環境を用意できるようになってきています。

Scratch やドリトルでは Arduino や Arduino 互換のセンサーボードと接続し，フィジカル・コンピューティングでのプログラミング教育を実践できます。フィジカル・コンピューティングとは，現実世界とコンピューターの仮想世界との間で，センサーやモーターなどの入出力装置を利用して，物理的・身体的な対話を行う分野です。フィジカル・コンピューティングの利点

は，タンジブルであること（実体があり実際に触れられること）です。この利点は，プログラミング教育ととても相性のよいものです。出した命令により思い通りに動いたかどうかが目に見えてわかりやすく，修正の方法もイメージしやすいため，試行錯誤を繰り返しながら進めていくことに適しています。そこで，プログラミング教育に利用可能なフィジカル・コンピューティングの環境をいくつか紹介します。

Scratchから利用できる外部機器

Scratchでは，Scratch 2.0でパソコンに接続したカメラから取得した映像を作品内に利用できるほか，外部機器を利用することができます。利用できる外部機器はさまざまありますが，その中からいくつか紹介します。

[なのぼ〜どAG]（http://tiisai.dip.jp/?page_id=935）

ちっちゃいものくらぶがOtOMOや青山学院大学，阿部と共同で開発したScratch用のセンサーボード「PicoBoard」の上位互換機です。PicoBoardはMITメディアラボが開発し，SparkFun社が販売しています。なのぼ〜どAGには，スライダー，光センサー，音センサー，タッチセンサー（ボタン），抵抗センサー入力端子（4系統）に加え，モーター駆動用のICや回転速度制御のための機構が備え付けられています。なのぼ〜どAGを利用することで，さまざまなセンサーを用いて現実世界とパソコン画面の中の世界とを融合させた作品や，モーターを用いた動く作品を制作することができます。利用するためには，USBデバイスドライバをインストールする必要があります。Scratchで利用できるセンサーボードはさまざまありますが，なのぼ〜どAGは2,000円程度と安価です。

なのぼ〜どAG

（吉田撮影）

[レゴ エデュケーション（WeDo 1.0　WeDo 2.0）]

(https://education.lego.com/ja-jp/learn/elementary/wedo-2)

　LEGO社によって開発された「レゴ　マインドストーム」の簡易版ロボット教材です。レゴテクニックで提供されているギアやブロックのほか，モーションセンサー，チルトセンサーやモーターなどもレゴ部品として付属されているため，レゴブロックで遊ぶ感覚で組み立てたロボットなどをプログラミングすることで動かすことができます。WeDo 2.0 では Bluetooth により接続し，Scratch でプログラミングできるほか，タブレット端末から専用のソフトウェアでプログラミングすることもできます。

[Kinect]

　Microsoft社から発売された，体の動きや音声認識によって，ゲーム機Xboxでの操作を行うコントローラーです。Scratchでは体の動きを感知するモーションセンサーとして利用し，パソコン画面の中に自分が入り込んで主人公になれるような作品を制作することができます。プログラミングの過程では，実際に立って体を動かすことにより，思い通りの作品になっているかを確認するため，座って作業するのみであることが多いプログラミングの授業とは異なる雰囲気になります。KinectのデバイスドライバやStephen Howell氏によって開発されたブリッジプログラムをインストール，実行する必要があります。OSのバージョンやKinectのバージョンによって，設定方法が異なります。

Kinectを利用した
プログラミングの様子

（吉田撮影）

その他のプログラミング教育に利用可能なフィジカル・コンピューティングの環境
[アーテックブロックとスタディーノ]
（http://www.artec-kk.co.jp/studuino/Studuino_dl.html）

学校教材メーカーのアーテックが販売するブロックとArduino互換の制御基板です。ブロックは縦・横・斜めの自由な方向に連結できることが特徴で，ブロックを組み合わせてロボットなどを作ることができることに加え，幾何学構造の理解などに利用することができます。ブロックと連結できる各種センサーやモーターなども用意されていて，スタディーノ（Studuino）と接続し，Scratchをベースとしたブロックプログラミング環境，アイコンプログラミング環境，Arduino IDEからプログラミングをすることで，動くロボットなどを制作することもできます。

アーテックブロックとスタディーノ

（吉田撮影）

[MESH（メッシュ）] （http://meshprj.com/jp/）

ソニーが開発した電子ブロックです。MESHタグと呼ばれる各種センサー・アクチュエーターの機能を持つ電子タグをBluetoothにより接続し，iPadやAndroidのMESHアプリでつなげることで操作することができます。小型のため，日常生活で実際に利用しているものに貼り付けるなどして，利用することができます。

4．プログラミング学習教材

本書で述べてきた構築主義を背景とするプログラミング教育の導入とは，少しそれてしまう部分もありますが，Computational Thinking を身につけるという目的では，Hour of Code や Swift Playgrounds などの公開されているプログラミング学習教材を利用することも考えられます。

[Hour of Code]

Hour of Code は，2013年から米国の非営利活動法人「Code.org」がはじめた，プログラミング教育を普及させるための活動です。Minecraft などを利用したプログラミング学習教材が無料で提供されています。Code.org の活動は Facebook 創業者のマーク・ザッカーバーグ，マイクロソフト創業者のビル・ゲイツなどからの賛同を得

Hour of Code の Minecraft を用いた教材の画面

［出所］https://code.org/learn

ています。当時，米国のオバマ大統領が体験し，「プログラミング経験をした初のアメリカ大統領になった」と声明を出したのもこの活動です。現在までに，Hour of Code は 180 カ国以上，数千万人の子どもたちが参加していて，米国では授業に取り入れている学校もあります。

Hour of Code では，Minecraft や「アナと雪の女王」など，子どもたちの興味をくすぐるような題材を利用したスモールステップのパズル形式プログラミング教材が提供されています。Web ブラウザから利用することができます。子ども1人での自習にも利用できるように，チュートリアルおよびカリキュラムが用意されているため，授業内で利用する場合，教師は Web サイトの紹介，はじめ方などを指示するだけで，子どもたちはプログラミン

グ学習をはじめることができます。

　パズルに対しては自動で採点され，またいくつもの答えが許容されているため，子どもたちはそれぞれの方法で進めていくことができます。パズル形式の教材はクローズドエンドの問題です。つまり，終わりが決められていて，そのパズル問題で意図されている以上のことを学ぶようには設計されていません。また，パズルの繰り返しでは飽きてきてしまうかもしれません。Hour of Code にも用意されていますが，飽きないような工夫や，パズルの世界を出た自由制作を提示し，子どもたちが興味を持った方向へと学習を進めていくことができる，終わりが決められていないオープンエンドの問題への転換をアシストしてあげることで，より効果的な利用ができると思います。たとえば，Raspberry Pi にインストールされている Scratch からは Minecraft を制御することができます。Hour of Code の Minecraft で学習した後，Scratch から制御できることを示すことで，より自由度の高い環境に移行させることができます。Hour of Code の Minecraft と Scratch の Minecraft では，実際に書くプログラムは異なりますが，題材が同じということで子どもたちの興味関心を引き継ぐことができるのではないかと思います。また，Hour of Code で作成したプログラムは，JavaScript として変換できることから，JavaScript でのプログラミングへと移行させることもできるでしょう。

[Swift Playgrounds]　(http://www.apple.com/swift/playgrounds/)
　2016 年 9 月にリリースされた Apple が提供する iPad で動作するプログラミング学習環境です。Swift とは，Apple の iOS や OS X に向けたアプリケーション開発をするためのプログラミング言語です。Swift Playgrounds では，パズル形式の課題をクリアしていくことで，プログラミングの基本的な概念を学ぶことができます。パズル形式の課題だけでなく，テンプレートを編集することで，自由にプログラムを作成することができ，作成したプログラムは，他人と共有することや，Web で公開することもできます。世界

中で 100 校以上が，授業の中に Swift Playgrounds を取り入れることが表明されています（提供される課題や説明は英語です）。

5．コンピューターを利用しないプログラミング学習

[CS アンプラグド]（http://csunplugged.jp/）

　CS アンプラグド（コンピューターサイエンスアンプラグド）は，ニュージーランドで開発された学習コンテンツです。コンピューターを利用せずに，カードや筆記用具などを用いたゲームやパズルに取り組むことを通して，コンピューターの仕組みや概念を学びます。コンピューターを意識させずに，遊びの中から子どもたちが概念を見つけ出すことができるようなコンテンツを利用します。

　たとえば，2 進数の表現を学ぶ場合，CS アンプラグドでは 5 種類のカードを利用したアクティビティを行います。5 種類のカードの片面には，点だけが描かれていて，それぞれ 2 進数での数の大きさ（1，2，4，8，16）を表します。5 種類のカードで，それぞれのカードが表を向いているか，裏を向いているかにより，2 進数を表します。10 進数を 2 進数で表してみたり，5 種類のカードでいくつまでの数を表現できるかなどを体験します。このアクティビティにより，子どもたちは 10 進数と 2 進数の変換を学びます。2 進数が，コンピューター内でどのように使われているのか（0 と 1 で表される 2 進数のデータ形式）を示唆して，終了となります。

[にんげんプログラミング]（http://scratch-ja.org/human）

　阿部が考案した，コンピューターを利用せずにプログラムの仕組みや物事を順序立てて考える方法を学ぶアクティビティです。マス目が描かれたステージと命令の書かれたカードを用意し，ステージ上にはロボットとして人間を立たせます。ロボット役の人は，カードに書かれている命令のとおりに

第3章 プログラミング教育をはじめるには

マス目上を実際に動きます。ステージ上のマス目には，スタート，ゴール，そしてアイテムを自由に配置することができ，アイテムを手に入れながら，スタートからゴールまでロボットがたどりつくように，カードを順番に置きます。

にんげんプログラミングの様子

（阿部撮影）

「にんげんプログラミング」のアクティビティを行った後には，コンピューター上でも同様のアクティビティを行えるように「ねこプログラミング」というScratchの機能を絞ったプログラミング環境も用意されています。にんげんプログラミングやねこプログラミングでは，スタートやゴールを自由な位置に配置できるだけでなく，アイテムの役割も自身で設定することができるため，問題をどう解くかだけではなく，問題自体を子ども主体で作成することができる点が特長です。

Scratchでのプログラミングをはじめよう！

〈Scratchのはじめ方〉

Scratchサイト（https://scratch.mit.edu/）にブラウザでアクセスし，画面左上にある「作る」またはネコのアイコンの「やってみる」をクリックすると，プログラム作成画面へと切り替わり，プログラム作成を開始できます。

Scratchサイト

39

〈プログラムを作成〉

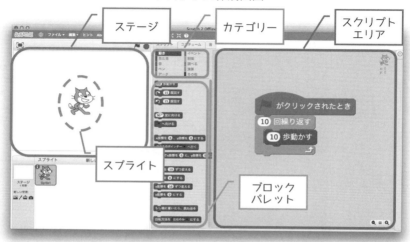

プログラム作成画面

　Webブラウザで利用できるScratch（Scratch 2.0）でプログラミングを行う際の画面です。Scratchでは，ステージ（舞台）上にあるスプライト（役者）に対し，命令が書かれたブロックをブロックパレットから選び，スクリプトエリアへドラッグ＆ドロップにより組み合わせ，スクリプト（台本）を作成していきます。Scratchではプログラムのことをスクリプトと呼びます。

　最初からステージ上にあるスプライトはネコ1匹ですが，スプライトは複数登場させることができます。各スプライトおよびステージに対して，それぞれ異なるスクリプトを作成することが可能です。ブロックは命令の内容ごとに，異なる色，カタチで10個のカテゴリーに分類されています。選択したカテゴリーに応じたブロックが，ブロックパレットに表示されます。

〈スクリプトを実行〉

　Scratchでは，ステージの右上にある緑色の旗のアイコンをクリックするとスクリプトの実行を開始します。実行を停止する場合には，その隣の赤

い丸のアイコンをクリックします。図のスクリプトでは「緑色の旗がクリックされたとき」に「(このスプライトを) 10 歩動かす」ことを「10 回繰り返す」という意味になります。ステージの右上にある緑色の旗のアイコンをクリックすると，ステージ上のネコが10歩×10回で100歩分ネコが向いている方向に移動します。

スクリプト例

〈見た目や音を設定〉

各スプライトの見た目は「コスチューム」で複数設定することができ，スクリプトの中から切り替えることができます。スプライトやステージの背景，コスチュームは，パソコン内やScratchにあらかじめ用意されている画像ファイルを利用できるほか，Scratch上にあるペイントエディタを利用して自分で描くことができます。さらに，各スプライトやステージでは，「音」を設定することもできます。「音」は画像と同様に，パソコン内やScratchにあらかじめ用意されている音声ファイルを利用できるほか，Scratch上にある録音機能を利用して用意することもできます。

コスチューム編集画面

インターネットにつながるパソコンさえあれば今日からはじめられます。ぜひはじめてみてください。

＊ScratchはMITメディア・ラボのLifelong Kindergartenグループによって開発されました。くわしくはhttp://scratch.mit.eduをご参照ください。

第4章　もうはじまっているプログラミング教育
——プログラミング教育を取り入れた実践事例

　プログラミング教育は教科教育内に取り入れられる方針で進められています。実際にプログラミングを既存の各教科内に取り入れようとした際，各単元とプログラミングをどうやって結びつけるのがよいのかがわからないということが大きな悩みとなるでしょう。この悩みは，教育の専門家である先生方だけでも，プログラミングの専門家だけでも，どちらだけでは解決することが難しいものです。この悩みが最初の1歩を踏み出す妨げになってしまわないように，教育の専門家とプログラミングの専門家とが協調して，実践事例の共有や指導案作成を行っていく必要があります。

　文部科学省では，プログラミング教育を導入する教科として，プログラムで電気製品が条件に応じて動作していることを学ぶ理科の学習，プログラミングと関連づけた音楽の学習，総合的な学習の時間などを挙げています。図画工作や音楽などの技能教科では，メディア・アートやコンピューター・ミュージックの印象を持っている方も多いため，比較的容易に指導案を思いつくかもしれません。そこで，本章では，実際に算数と理科の教科内にプログラミングを取り入れた実践事例を紹介します。

1．東京都品川区立京陽小学校での実践事例

　紹介する実践事例は，東京都品川区立京陽小学校で行われたものです（阿部ほか，2016）。京陽小学校では，2014年より学校全体でプログラミング学習を通して論理的思考力，創造力，言語能力を育む教育活動に取り組んでいます。2014・2015年度東京都教育委員会言語能力向上拠点校，品川区教育

委員会ICT活用実践校として支援を受けています。

京陽小学校では，2014年に，NPO法人CANVAS主催Google株式会社後援のプログラミング学習普及プロジェクト「PEG programming education gathering」の支援のもと，全校の子どもたちに1人1台Raspberry Piが配布されました。図書室を改装したメディアルームに，自分のRaspberry Piをつないで動かすことができるように，ディスプレイなどが常設されています。また子どもが希望すれば，Raspberry Piを自宅へ持ち帰って使用することも可能です。

メディアルームの様子
（吉田撮影）

公立の小学校であり，先生方全員がプログラミング経験者ということはありません。専門家からのアドバイスをもらいながら，先生方も学び，授業実践を行っています。小学校でのプログラミング教育導入の先進校として，動向が注目されている学校です。

（1）算数の実践事例——小学6年生「算数を使って考えよう」
（日下部，2016）

この事例では，5年生の算数で習った概念を活用する単元にプログラミングを取り入れています。先に述べたとおり，この実践事例における子どもたちは2年間プログラミング教育を受けているため，プログラミング言語Scratchにおける基本的な操作を習得しています。この実践では，これまでのプログラミング

「素数」の授業の様子
（阿部撮影）

経験から子どもたちが「人の手で計算するには大変だと思うことが，プログラミングを活用することによって早く求められる」というコンピューターを利用するメリットを認識していることから，1から100まで，さらに200，300などそれ以上の数までの素数を探すという課題を設定しています。この課題を解決することを通して，抽象的な素数の概念の定着をめざすほか，自分の考えをプログラムとして表現すること，プログラムを通して，他者の考えを理解することをめざしています。

以下に示すように，学習を5つの段階に分け，段階を追って，学習に取り組めるように設計されています。また，適宜，個人活動，グループ活動を取り入れています。

① **参考プログラムを理解するグループ活動**

プログラミングの有名な問題でフィズバズ問題があります。フィズバズ問題は，ある数字を与えると，3で割り切れる数字では「フィズ」，5で割り切れる数字では「バズ」，3と5の両方で割り切れる数字では「フィズバズ」という問題です。この問題をScratchで書いたプログラミング作品を子どもたちに紹介し，プログラムの書き方についてグループで考え，理解するという活動です。フィズバズ問題と素数を探す問題は，数字が割り切れるかどうかを調べるなど類似する部分がある問題であるため，まず子どもたちに紹介することで，学習のイメージをもたせることができます。教師がプログラムの説明を行うのではなく，子ども同士で考えさせることで，子どもたちは主体的に学びます。

② **手作業での素数を見つける個人活動**

既習事項である素数の概念について復習し，手作業で1から100までの素数を探します。

③ **素数を探すプログラムの組み立てを考える個人活動**

素数の概念と手作業で探した経験を通して，探し方の法則性を見つけさせます。そして，見つけだした法則をもとに，プログラムの組み立て方を個人

で考えながら，紙に整理し，プログラムの見通しを立てます。その際，子どもたちは，フィズバズ問題のプログラムやScratchプログラムのヒント集を参考にでき，似ている部分や使えそうな部分があるかを探すことができます。

④ プログラムを書くグループ活動

個人活動により立てた方針をグループで共有し，グループ内で相談しあい試行錯誤しながらプログラムを作りあげます。

⑤ 他グループとの交流活動

全体で，素数を探す手順からどのようなプログラムを組み立てたのかを発表しあい，自分たちのグループと他のグループとの共通点や相違点をワークシートに記入し，学習の振り返りをします。プログラムがうまく作れなかったグループも，他の完成したグループの発表を参考にすることで，自分たちのプログラムを修正することができます。

この事例では，教師が子どもたちに説明することは，参考プログラムの紹介と既習事項の確認のみです。グループ活動を取り入れることで，子どもたちは話し合い自分たちで解決しようと，主体的に取り組みます。実際，京陽小学校では，うまくいかないからといって，すぐに教師を呼ぶ子どもは少なくなっています。

（2）理科の実践事例 ── 小学3年生「風やゴムのはたらき」

（品川区立京陽小学校，2014）

この事例では，3年生からはじまる理科で，初めて実験を扱う単元にプログラミングを取り入れています。この実践事例における子どもたちは1年間プログラミング教育を受けていて，プログラミング言語Scratchを利用することができますが，ローマ字入力についてはまだ難しい子どももいるため，操作補助などは必要な状況です。そのため，子どもたちが文字入力操作に夢中にならないようなプログラムを準備しています。この実践事例では，

「風やゴムのはたらき」の
授業の様子

（阿部撮影）

輪ゴムの力によって走る車に対して、輪ゴムを引っ張る長さや輪ゴムの本数を変えた場合の車が進む距離を調べる実験を行う際の、実験前の予想を立てる場面と実験後の考察を行う場面で、子どもたちの表現の手助けとしてプログラミングを活用しています。この活動を通して、実験を用いる学習では、「予想→実験→結果→考察」の流れで学習が進められるということを身につけること、自分の考えを整理して表現することをめざしています。

①実験前の予想を立てる場面における活動

「輪ゴムの引っ張る長さを変えた場合」と「輪ゴムの本数を変えた場合」の2つに分けて、予想を立てさせます。「輪ゴムを◯cm引っ張ると車は◯cm進む」「輪ゴムを◯本にすると車は◯cm進む」の◯にあたる値を考えScratchに入力することで、自身で考えた予想を表現する作品が作成できます。予想を立てた後、その予想に至った理由を含めて作品を発表します。

②実験後の考察を行う場面

実験を行い記録した結果から考察し、輪ゴムの引っ張る長さや本数と、車を動かす力の強さとの関係を考えて、Scratchに入力することで自身の考えを表現します。

この事例や第1章の振り子の例（14ページ）にもあるように、理科での実験単元ではプログラミングをシミュレーションに利用できます。値を変更すると視覚的に変化がわかり、子どもたちの考えを表現し整理する手助けとなります。

2．カリキュラム設計における指針

　構築主義にもとづくプログラミング教育では，プロジェクトベースのカリキュラム設計が行われます。レズニックは，クリエイティブな人材育成には4つの「P」が必要と述べていて，これは，プログラミング教育のカリキュラム設計においての指針になりうるものです（Resnick, 2014）。この4つのPとは，Projects, Peers, Passion, Play の頭文字を表します。

4つの「P」

　レズニックによれば，Projects（プロジェクト）は，「新しいアイデアを考え，試作品を作り，改善を繰り返す，本人にとって意味を見出せるプロジェクトに係る過程で人は学」ぶということです。Peers（仲間）は，「アイデアを他者と共有し，プロジェクトを遂行するために協同し，他者の仕事を発展させたりする，社会的な活動の中で学びは生まれ」るということです。Passion（情熱）は，「自分のこだわりがあるプロジェクトに関わることで，長時間でも熱心に作業をする情熱が生まれ，挑戦し続けることができます。その過程で多くを学びとることができ」るということです。Play（遊び）は，「学びには，子どもたちが遊びの中でするように，新しいことに挑戦し，素材を弄り回し，限界がどこまでかを試し，時には危険を恐れずに，繰り返し挑戦するといった活動がつき物」ということです（Resnick, 2014. 杉浦・阿部，2015 所収，p.7）。

　この4つのPをふまえると，どの教科のどの単元に結びつける場合についてもいえることですが，なるべく多くの子どもたちの興味関心を引き，現実や社会と関わりがあり，オープンエンドな問題を設定することが重要とな

ります。また，グループで問題に取り組む活動や，他の子どもたちと意見交換する時間を設け，学び合いを促す設計にすることも必要です。そして，第3章で述べたように，教師はファシリテーターに徹し，教師が前に立ち説明する時間は少なくし，子どもたちが手を動かして活動できる時間をなるべく多くとるようにするのがよいでしょう。

プログラミング教育をどういった単元で取り入れるべきかについては，現在の授業で，紙や鉛筆，はさみを利用している活動では，まずはそれらをコンピューターに置き換える可能性が考えられます。京陽小学校でも，プログラミング教育1年目には，プログラミングで単元の内容を表現する作品作りをする活動を取り入れることからはじまっています。しかし，単に置き換えるだけでは，成果は感じられてもプログラミングでなければならない意味があまり見いだせなかったため，2年目には，プログラミングだからできることに着目してカリキュラム設計するよう方向転換をしています。

また，第2章で述べたように，プログラミング教育は以前から実施されています。過去の構成主義，構築主義にもとづいた授業実践例を改良し，再利用することも考えられます。

3．実践事例の共有

文部科学省では，「プログラミング教育実践ガイド」として，教師向けの指導の参考となる資料を作成し公開しています。今後，プログラミング教育の情報共有の場として，ポータルサイトを構築する可能性についても示唆しています。

ほかにも，NPO法人CANVASが運営する「プログラミング教育普及プロジェクト Computer Science for ALL（http://csforall.jp/）」でも，Webサイトにて，授業実践事例を公開しています。指導案やカリキュラムだけでなく，授業で利用したワークシートなどの教材も併せて公開されているため，

すぐに実施してみることも可能です。

　さらに，第3章で紹介したプログラミング言語について，教育現場で利用するための実践例や導入をサポートするための情報が多く提供されています。Scratchでは，ScratchEdという教師を対象としたWebサイトが用意され，Scratchを利用したファシリテート方法や実践例などが公開されています。また，2016年8月より教師用の機能が提供されるようになり，授業内での利用を促進するようなサービスがはじまっています。

　また，ビスケットやドリトル，Hour of Codeでも，教師のための情報は多く提供されています。併せて，教師や大人を対象としたファシリテーター養成のための研修が全国各地で開催されています。このように，プログラミング教育必修化に向けて，小学校教師，指導者を育成・支援しようとする動きはすでにはじまっています。百聞は一見にしかず。まずはそういった活動に積極的に参加してみることが重要なのではないかと思います。

おわりに

　最後に，プログラミング教育必修化にあたっての大きな課題を2つ挙げます。

　　1．プログラミング教育を実施する環境について
　　2．プログラミング教育を支援する人員の配置について

　1つめは，各校の情報機器をどのように整備していくかに関することです。本書で述べてきた構築主義的な背景からみると，できるかぎり制限なく，子どもが自由にコンピューターを利用できる環境を提供することが望ましいです。しかし，現在，パソコン教室に設置されているパソコンは，自由にソフトウェアをインストールすることができず，Web閲覧時にも制限があるのではないでしょうか。また，コンピューターを利用できるのはクラスに割り当てられた特別な授業時間に限られているのではないでしょうか。子どもたちが紙や鉛筆をいつでも使えるように，コンピューターも同様に，学校でも家でもどこでも自由に利用できる環境を用意する必要があります。

　この課題を解決するためには，従来のパソコン教室に設置するようなパソコンを見直すことも考えられます。BYOD（Bring Your Own Device）を導入し，個人所有のパソコンを学校の授業で利用できるようにすることも考えられます。また，Raspberry Piのような安価なコンピューターを児童一人ひとりに配付することで，1人1台を実現することができます。第4章で述べたPEGの活動では，5,000台のRaspberry Piを全国の子どもたちに寄贈しています。

おわりに

　昨今，タブレット端末が普及し，各校に整備する情報機器がパソコンからタブレットへと置き換わることも増えてきています。タブレットは持ち運びが可能なため，パソコン教室ではない通常の教室や教室外など，どこでも利用可能になるという利点があります。PDF閲覧などのビューワーやCAIアプリとして利用されることが多いのですが，第3章でも紹介したようなプログラミングアプリを利用することでプログラミング教育での利用も可能となります。

　さらに，Raspberry Piと組み合わせて，タブレットをディスプレイとして利用することで，Dynabookへまた一歩近づいた環境を提供できます。また，マイコンボードを入出力装置として組み合わせ，プログラミングすることもできます。イギリスでは，11～12歳の子どもに，「Micro:bit」というLEDや加速度センサー，ボタンなど多くの入出力装置を搭載したマイコンボードが，BBCにより100万台無償配布されています。

　2つめは，プログラミング教育を支援する専門家や支援員に関することです。第4章でも述べたように，授業実践例や得られた知見については積極的に共有される必要があると思います。しかし，各校ではさまざまに状況が異なるため，実践例どおりに行えばいいというわけでは決してありません。実践例を実施しようとしてもつまずく場合も多いでしょう。そのため，プログラミング教育について，教師が気軽に相談でき，一緒に考えていけるような専門家や支援員の十分な確保は必要不可欠と考えます。プログラミングに詳しい保護者や，地域の企業なども関わることもできると思います。また，中学校や高校ではプログラミング教育がすでに行われていることから，近隣の中学生や高校生が，小学校でのプログラミング教育にメンターとして関わる可能性も考えられます。小学校でのプログラミング教育必修化は，小学校の教師だけが背負わなければならないものではなく，さまざまな人たちと協調・協力して，進めていくべきだと思います。

プログラミングは楽しい

　アラン・ケイはコンピューターのことを「これは楽しいものであり，やるだけの価値があるものだ」と言っています。なぜプログラミング教育なのかを学習理論にもとづいて述べてきましたが，結局は，コンピューターは楽しいものなので一度は全員に経験してもらいたいのです。

　小学校でのプログラミング教育必修化の流れとなった今，プログラミング嫌いの子どもを増やすようなプログラミング教育にだけはしたくないのは，全員共通の願いだと思います。教師や大人の想像を超えて，子どもたちは創造的です。子どもたちによりよい学習環境を提供するために努力していきましょう。

引用・参考文献

阿部和広（2014）「幸せなパソコン教室のために」『情報処理』Vol. 55, No. 6, pp. 598-601

阿部和広（2016）「子供の創造的活動とプログラミング学習」『情報処理』Vol. 57, No. 4, pp. 349-353

阿部和広ほか（2016）「学校まるごとわくわくプログラミング―品川区立京陽小学校の事例―」『情報処理』Vol. 57, No. 12, pp. 1216-1238

アラン・ケイ／酒匂寛訳（2013）「すべての年齢の『子供たち』のためのパーソナル・コンピューター」阿部和広『小学生からはじめるわくわくプログラミング』日経BP社所収, pp. 130-141
［原著］Kay, A. (1972) "A Personal Computer for Children of All Ages," In Proceedings of the ACM National Conference, Boston

日下部和哉（2016）「学校まるごとわくわくプログラミング―品川区立京陽小学校の事例―：2. 算数科におけるプログラミングの活用（6年生）―素数を探すプログラムを書こう―」『情報処理』Vol. 57, No. 12, pp. 1223-1225

高度情報通信ネットワーク社会推進戦略本部（2015）「世界最先端IT国家創造宣言工程表」http://www.kantei.go.jp/jp/singi/it2/kettei/pdf/20150630/siryou3.pdf

シーモア・パパート／奥村貴世子訳（1982）『マインドストーム―子供, コンピュータ, そして強力なアイデア』未来社

品川区立京陽小学校（2014）「プログラミング×理科　品川区立京陽小学校3学年学習指導案」http://pegpeg.jp/tool/2014/08/29/236

品川区立京陽小学校（2016）「品川区立京陽小学校研究発表会学習指導案」

首相官邸（2016）産業競争力会議
http://www.kantei.go.jp/jp/97_abe/actions/201604/19sangyo_kyosoryoku_kaigi.html

杉浦学著・阿部和広監修（2015）『Scratchではじめよう！プログラミング入門』日経BP社

総務省（2014）第 3 回 ICT ドリームスクール懇談会 資料 1「教育・学習分野の情報化に係る国内外の動向と先進事例」
   http://www.soumu.go.jp/main_content/000311276.pdf

戸塚滝登（1989）『クンクン市のえりちゃんとロゴくん』ラッセル社

文部科学省初等中等教育局教育課程課教育課程企画室（2016a）
   「小学校段階におけるプログラミング教育の在り方について（議論の取りまとめ）」
   http://www.mext.go.jp/b_menu/shingi/chousa/shotou/122/houkoku/1372522.htm

文部科学省初等中等教育局教育課程課教育課程企画室（2016b）
   「幼稚園，小学校，中学校，高等学校及び特別支援学校の学習指導要領等の改善及び必要な方策等について（答申）」
   http://www.mext.go.jp/b_menu/shingi/chukyo/chukyo0/toushin/1380731.htm

Kay, Alan (1995) "Powerful Ideas Need Love Too!," Written remarks to a Joint Hearing of the Science Committee and the Economic and Educational and Opportunities Committee, October 12, 1995

Martinez, S. L., Gary, S.／阿部和広監修，酒匂寛訳（2015）
   『作ることで学ぶ──Maker を育てる新しい教育のメソッド』オライリー・ジャパン
   ［原著］Martinez, S. L., Gary, S. (2012) *Invent to Learn: Making, Tinkering, and Engineering in the Classroom,* Lightning Source Inc.

Resnick, M. (1997) *Turtles, Termites, and Traffic Jams: Explorations in Massively Parallel Microworlds,* MIT Press
   ［訳書］Resnick, M.／山本順人，西岡知之訳（2001）『非集中システム』コロナ社

Resnick, M. (2007) "All I Really Need to Know (About Creative Thinking) I Learned (By Studying How Children Learn) in Kindergarten," ACM Creativity & Cognition Conference

Resnick, M. (2014) "Give P's a Chance: Projects, Peers, Passion, Play," Constructionism and Creativity conference（杉浦・阿部，前掲書所収）

Wing, M. J.／中島秀之訳（2015）「計算論的思考」『情報処理』Vol. 56, No. 6, pp. 584-587
   ［原著］Wing, M. J. (2006. 3) "Computational Thinking," *Communications of the ACM,* Vol. 49, No. 3, pp. 33-35

●著者紹介

吉田 葵（よしだ あおい）
青山学院大学社会情報学部助教
2009年からプログラミングワークショップに携わり、小学生、中高生を対象にプログラミングワークショップを実施している。現在は、大学でのさまざまな機器を利用したものづくり体験型の授業を担当し、授業設計および評価について研究している。著書に、『IT-Literacy Scratch・ドリトル編』（共著、日本文教出版）がある。

阿部和広（あべ かずひろ）
青山学院大学社会情報学部客員教授、津田塾大学学芸学部情報科学科非常勤講師
1987年より一貫してオブジェクト指向言語 Smalltalk の研究開発に従事。パソコンの父として知られ Smalltalk の開発者であるアラン・ケイ博士の指導を2001年から受ける。Squeak Etoys と Scratch の日本語版を担当。近年は子ども向け講習会を多数開催。主な著書に、『小学生からはじめるわくわくプログラミング』（日経BP社）、監修に『作ることで学ぶ』（オライリー・ジャパン）など。テレビ番組「Why!? プログラミング」（NHK Eテレ）プログラミング監修。文部科学省プログラミング学習に関する調査研究委員。

日本標準ブックレット No.18

はじめよう！ プログラミング教育
――新しい時代の基本スキルを育む――

2017年3月20日　第1刷発行

著　者　吉田 葵・阿部和広
発行者　伊藤 潔
発行所　株式会社 日本標準
　　　　〒167-0052　東京都杉並区南荻窪 3-31-18
　　　　Tel 03-3334-2630［編集］03-3334-2620［営業］
　　　　ホームページ　http://www.nipponhyojun.co.jp/
印刷・製本　株式会社 リーブルテック

ISBN 978-4-8208-0613-4

＊乱丁・落丁の場合はお取り替えいたします。
＊定価は表紙に表示してあります。

「日本標準ブックレット」の刊行にあたって

　日本国憲法がめざす理想の実現は，根本において教育の力に待つべきものとして教育基本法が制定され，戦後日本の教育ははじまりました。以来，教育制度，教育行政や学校，教師，子どもたちの姿など，教育の状況は幾多の変遷を経ながら現在に至っていますが，その中にあって，日々，目の前の子どもたちと向き合いながら積み重ねてきた全国の教師たちの実践が，次の時代を担う子どもたちの健やかな成長を助け，学力を保障しえてきたことは言うまでもないことです。

　しかし今，学校と教師を取り巻く環境は，教育の状況を越えて日本社会それ自体の状況の変化の中で大きく揺れています。教育の現場で発生するさまざまな問題は，広く社会の関心事にもなるようになりました。競争社会と格差社会への著しい傾斜は，家庭や地域社会の教育力の低下をもたらしています。学校教育や教師への要望はさらに強まり，向けられるまなざしは厳しく，求められる役割はますます重くなってきているようです。そして，教師の世代交代という大きな波は，教育実践の継承が重要な課題になってきていることを示しています。

　このような認識のもと，日本標準ブックレットをスタートさせることになりました。今を生きる教師に投げかけられている教育の課題は多種多様です。これらの課題について，時代の変化に伴う新しいテーマと，いつの時代にあっても確実に継承しておきたい普遍的なテーマを，教育に関心を持つ方々にわかりやすく提示しようというものです。このことによって教師にとってはこれからの道筋をつける手助けになることを目的としています。

　このブックレットが，読者のみなさまにとって意義のある役割を果たせることを願ってやみません。

　　　　　　　　　　　　　2006年3月　日本標準ブックレット編集室